中国孔子基金会传统文化教育分会测评指定校本教材

全国教育科学"十一五"教育部规划课题"中小学传统文化教育实践研究"实验读本

大字读本 简繁参照

论 语（下）

中国孔子基金会传统文化教育分会
山东省国立传统文化教育中心　编订

中华书局

目　录

论
语

目
录

1

附　录

论语

目
录

先进篇第十一

11.1 子曰："先进于礼乐,野人也;后进于礼乐,君子也。如用之,则吾从先进。"

11.2 子曰："从我于陈、蔡者,皆不及门也。"

11.3 德行:颜渊,闵子骞,冉伯牛,仲弓。言语:宰我,子贡。政事:冉有,季路。文学:子游,子夏。

11.4 子曰："回也非助我者也,于吾言无所不说。"

11.5 子曰："孝哉闵子骞!人不间于其父母昆弟之言。"

11.6　南容三复白圭，孔子以其兄之子
妻之。

11.7　季康子问："弟子孰为好学?"孔子对
曰:"有颜回者好学，不幸短命死矣，今也
则亡。"

11.8　颜渊死，颜路请子之车以为之椁。子
曰:"才不才，亦各言其子也。鲤也死，有棺
而无椁。吾不徒行以为之椁。以吾从大夫
之后，不可徒行也。"

11.9　颜渊死。子曰:"噫! 天丧予! 天
丧予!"

11.10　颜渊死，子哭之恸。从者曰:"子恸
矣。"曰:"有恸乎? 非夫人之为恸而谁为?"

11.11　颜渊死，门人欲厚葬之。子曰:"不

可！"门人厚葬之。子曰："回也视予犹父
也，予不得视犹子也。非我也，夫二三
子也。"

11.12　季路问事鬼神。子曰："未能事人，焉
能事鬼？"曰："敢问死"。曰："未知生，焉
知死？"

11.13　闵子侍侧，訚訚如也；子路，行行如也；
冉有、子贡，侃侃如也。子乐。"若由也，不
得其死然。"

11.14　鲁人为长府。闵子骞曰："仍旧贯，如
之何？何必改作？"子曰："夫人不言，言必
有中。"

11.15　子曰："由之瑟奚为于丘之门？"门人
不敬子路。子曰："由也升堂矣，未入于

shì yě
室也。"

11.16　子贡曰："师与商也孰贤？"子曰："师
也过，商也不及。"曰："然则师愈与？"子曰：
"过犹不及。"

11.17　季氏富于周公，而求也为之聚敛而附
益之。子曰："非吾徒也。小子鸣鼓而攻之，
可也。"

11.18　柴也愚，参也鲁，师也辟，由也喭。

11.19　子曰："回也其庶乎，屡空。赐不受
命，而货殖焉，亿则屡中。"

11.20　子张问善人之道，子曰："不践迹，亦
不入于室。"

11.21　子曰："论笃是与，君子者乎？色庄
者乎？"

论语

先进篇第十一

82

11.22　子路问：“闻斯行诸？”子曰：有父兄在，如之何其闻斯行之？”冉有问：“闻斯行诸？”子曰：“闻斯行之。”公西华曰：“由也问闻斯行诸，子曰，‘有父兄在’；求也问闻斯行诸，子曰，‘闻斯行之’。赤也惑，敢问。”子曰：“求也退，故进之；由也兼人，故退之。”

11.23　子畏于匡，颜渊后。子曰：“吾以女为死矣。”曰：“子在，回何敢死？”

11.24　季子然问：“仲由、冉求可谓大臣与？”子曰：“吾以子为异之问，曾由与求之问。所谓大臣者，以道事君，不可则止。今由与求也，可谓具臣矣。”曰：“然则从之者与？”子曰：“弑父与君，亦不从也。”

11.25　子路使子羔为费宰。子曰：“贼夫人之子。"子路曰:"有民人焉,有社稷焉,何必读书,然后为学?"子曰:"是故恶夫佞者。"

11.26　子路、曾皙、冉有、公西华侍坐。子曰:"以吾一日长乎尔,毋吾以也。居则曰:'不吾知也!'如或知尔,则何以哉?"子路率尔而对曰:"千乘之国,摄乎大国之间,加之以师旅,因之以饥馑;由也为之,比及三年,可使有勇,且知方也。"夫子哂之。"求,尔何如?"对曰:"方六七十,如五六十,求也为之,比及三年,可使足民。如其礼乐,以俟君子。""赤,尔何如?"对曰:"非曰能之,愿学焉。宗庙之事,如会同,端章甫,愿为小相焉。""点,尔何如?"鼓瑟希,铿尔,舍瑟而作,对曰:"异乎三子者之撰。"子曰:"何伤乎？亦各言其志也。"曰："莫春者，春服既成，冠者五六人，童子六七人，浴乎沂，风乎舞雩，咏而归。"夫子喟然叹曰："吾与点也！"

三子者出，曾皙后。曾皙曰："夫三子者之言何如？"子曰："亦各言其志也已矣。"曰："夫子何哂由也？"曰："为国以礼，其言不让，是故哂之。""唯求则非邦也与？""安见方六七十如五六十而非邦也者？""唯赤则非邦也与？""宗庙会同，非诸侯而何？赤也为之小，孰能为之大？"

*颜渊篇第十二

12.1 颜渊问仁。子曰:"克己复礼为仁。一日克己复礼,天下归仁焉。为仁由己,而由人乎哉?"颜渊曰:"请问其目。"子曰:"非礼勿视,非礼勿听,非礼勿言,非礼勿动。"颜渊曰:"回虽不敏,请事斯语矣。"

12.2 仲弓问仁。子曰:"出门如见大宾,使民如承大祭。己所不欲,勿施于人。在邦无怨,在家无怨。"仲弓曰:"雍虽不敏,请事斯语矣。"

12.3 司马牛问仁。子曰:"仁者,其言也

讱。"曰:"其言也讱,斯谓之仁已乎?"子曰:

"为之难,言之得无讱乎?"

12.4　司马牛问君子。子曰:"君子不忧不

惧。"曰:"不忧不惧,斯谓之君子已乎?"子

曰:"内省不疚,夫何忧何惧?"

12.5　司马牛忧曰:"人皆有兄弟,我独亡。"

子夏曰:"商闻之矣:死生有命,富贵在天。

君子敬而无失,与人恭而有礼。四海之内,

皆兄弟也——君子何患乎无兄弟也?"

12.6　子张问明。子曰:"浸润之谮,肤受之

愬,不行焉,可谓明也已矣。浸润之谮,肤

受之愬,不行焉,可谓远也已矣。"

12.7　子贡问政。子曰:"足食,足兵,民信

之矣。"子贡曰:"必不得已而去,于斯三者何

先?"曰:"去兵。"子贡曰:"必不得已而去,于

斯二者何先?"曰:"去食。自古皆有死,民无

信不立。"

12.8 棘子成曰:"君子质而已矣,何以文

为?"子贡曰:"惜乎,夫子之说君子也!驷

不及舌。文犹质也,质犹文也。虎豹之鞟犹

犬羊之鞟。"

12.9 哀公问于有若曰:"年饥,用不足,如之

何?"有若对曰:"盍彻乎?"曰:"二,吾犹不

足,如之何其彻也?"对曰:"百姓足,君孰与

不足?百姓不足,君孰与足?"

12.10 子张问崇德辨惑。子曰:"主忠信,

徙义,崇德也。爱之欲其生,恶之欲其死。

既欲其生,又欲其死,是惑也。'诚不以富,

yì zhī yǐ yì
亦祇以异'。"

12.11 　齐景公问政于孔子。孔子对曰："君
qí jǐng gōng wèn zhèng yú kǒng zǐ　　kǒng zǐ duì yuē　　jūn

君，臣臣，父父，子子。"公曰："善哉！信如
jūn chén chén fù fù zǐ zǐ　gōng yuē　shàn zāi　xìn rú

君不君，臣不臣，父不父，子不子，虽有粟，吾
jūn bù jūn chén bù chén fù bù fù zǐ bù zǐ suī yǒu sù wú

得而食诸？"
dé ér shí zhū

12.12 　子曰："片言可以折狱者，其由也与？"
zǐ yuē　piàn yán kě yǐ zhé yù zhě　qí yóu yě yú

子路无宿诺。
zǐ lù wú sù nuò

12.13 　子曰："听讼，吾犹人也。必也使无
zǐ yuē　tīng sòng wú yóu rén yě　bì yě shǐ wú

讼乎！"
sòng hū

12.14 　子张问政。子曰："居之无倦，行之
zǐ zhāng wèn zhèng　zǐ yuē　jū zhī wú juàn xíng zhī

以忠。"
yǐ zhōng

12.15 　子曰："博学于文，约之以礼，亦可以
zǐ yuē　bó xué yú wén　yuē zhī yǐ lǐ yì kě yǐ

弗畔矣夫！"
fú pàn yǐ fú

12.16 　子曰："君子成人之美，不成人之恶。
zǐ yuē　jūn zǐ chéng rén zhī měi　bù chéng rén zhī è

xiǎo rén fǎn shì
小人反是。"

12.17　季康子问政于孔子。孔子对曰："政
zhě zhèng yě　zǐ shuài yǐ zhèng　shú gǎn bù zhèng
者，正也。子帅以正，孰敢不正？"

12.18　季康子患盗，问于孔子。孔子对曰：
gǒu zǐ zhī bù yù　suī shǎng zhī bù qiè
"苟子之不欲，虽赏之不窃。"

12.19　季康子问政于孔子曰："如杀无道，以
jiù yǒu dào hé rú　kǒng zǐ duì yuē　zǐ wéi zhèng yān yòng
就有道，何如？"孔子对曰："子为政，焉用
shā　zǐ yù shàn ér mín shàn yǐ　jūn zǐ zhī dé fēng xiǎo rén zhī
杀？子欲善而民善矣。君子之德风，小人之
dé cǎo　cǎo shàng zhī fēng bì yǎn
德草，草上之风，必偃。"

12.20　子张问："士何如斯可谓之达矣？"子
yuē　hé zāi ěr suǒ wèi dá zhě　zǐ zhāng duì yuē　zài bāng
曰："何哉，尔所谓达者？"子张对曰："在邦
bì wén zài jiā bì wén　zǐ yuē　shì wén yě fēi dá yě
必闻，在家必闻。"子曰："是闻也，非达也。
fú dá yě zhě zhì zhí ér hào yì chá yán ér guān sè lǜ yǐ xià
夫达也者，质直而好义，察言而观色，虑以下
rén　zài bāng bì dá zài jiā bì dá　fú wén yě zhě sè qǔ
人。在邦必达，在家必达。夫闻也者，色取

论语

颜渊篇第十二

90

仁而行违，居之不疑。在邦必闻，在家必闻。"

12.21 樊迟从游于舞雩之下，曰："敢问崇德，修慝，辨惑。"子曰："善哉问！先事后得，非崇德与？攻其恶，无攻人之恶，非修慝与？一朝之忿，忘其身，以及其亲，非惑与？"

12.22 樊迟问仁。子曰："爱人。"问知。子曰："知人。"樊迟未达。子曰："举直错诸枉，能使枉者直。"樊迟退，见子夏曰："乡也吾见于夫子而问知，子曰'举直错诸枉，能使枉者直'，何谓也？"子夏曰："富哉言乎！舜有天下，选于众，举皋陶，不仁者远矣。汤有天下，选于众，举伊尹，不仁者远矣。"

12.23 子贡问友。子曰："忠告而善道之，不

kě zé zhǐ　wú zì rǔ yān
可则止，毋自辱焉。"

zēng zǐ yuē　　jūn zǐ yǐ wén huì yǒu　yǐ yǒu fǔ rén
12.24　曾子曰："君子以文会友，以友辅仁。"

子路篇第十三

13.1 子路问政。子曰："先之劳之。"请益。曰："无倦。"

13.2 仲弓为季氏宰，问政。子曰："先有司，赦小过，举贤才。"曰："焉知贤才而举之?"子曰："举尔所知；尔所不知，人其舍诸?"

13.3 子路曰："卫君待子为政，子将奚先?"子曰："必也正名乎!"子路曰："有是哉，子之迂也! 奚其正?"子曰："野哉，由也! 君子于其所不知，盖阙如也。名不正，则言不顺；言不顺，则事不成；事不成，则礼乐不兴；礼乐不兴，则刑罚不中；刑罚不中，则民无所错手足。故君子名之必可言也，言之必可行也。君子于其言，无所苟而已矣。"

13.4　樊迟请学稼。子曰："吾不如老农。"请学为圃。曰："吾不如老圃。"樊迟出。子曰："小人哉，樊须也！上好礼，则民莫敢不敬；上好义，则民莫敢不服；上好信，则民莫敢不用情。夫如是，则四方之民襁负其子而至矣，焉用稼？"

13.5　子曰："诵《诗》三百，授之以政，不达；使于四方，不能专对；虽多，亦奚以为？"

13.6　子曰："其身正，不令而行；其身不正，虽令不从。"

13.7　子曰："鲁卫之政，兄弟也。"

13.8　子谓卫公子荆："善居室。始有，曰：'苟合矣。'少有，曰：'苟完矣。'富有，曰：'苟美矣。'"

13.9　子适卫，冉有仆。子曰："庶矣哉。"冉有曰："既庶矣，又何加焉？"曰："富之。"曰："既富矣，又何加焉？"曰："教之。"

13.10　子曰："苟有用我者，期月而已可也，三年有成。"

13.11　子曰："'善人为邦百年，亦可以胜残去杀矣。'诚哉是言也！"

13.12　子曰："如有王者，必世而后仁。"

13.13　子曰："苟正其身矣，于从政乎何有？不能正其身，如正人何？"

13.14　　冉子退朝。子曰："何晏也?"对曰：
"有政。"子曰："其事也。如有政，虽不吾
以，吾其与闻之。"

13.15　　定公问："一言而可以兴邦，有诸?"
孔子对曰："言不可以若是其几也。人之言
曰：'为君难，为臣不易。'如知为君之难也，
不几乎一言而兴邦乎?"曰："一言而丧邦，
有诸?"孔子对曰："言不可以若是其几也。
人之言曰：'予无乐乎为君，唯其言而莫予违
也。'如其善而莫之违也，不亦善乎? 如不善
而莫之违也，不几乎一言而丧邦乎?"

13.16　　叶公问政。子曰："近者说，远
者来。"

13.17　　子夏为莒父宰，问政。子曰："无欲

速，无见小利。欲速，则不达；见小利，则大

事不成。"

13.18　叶公语孔子曰："吾党有直躬者，其父

攘羊，而子证之。"孔子曰："吾党之直者异

于是：父为子隐，子为父隐。——直在其

中矣。"

13.19　樊迟问仁。子曰："居处恭，执事敬，

与人忠。虽之夷狄，不可弃也。"

13.20　子贡问曰："何如斯可谓之士矣？"子

曰："行己有耻，使于四方，不辱君命，可谓士

矣。"曰："敢问其次。"曰："宗族称孝焉，乡

党称弟焉。"曰："敢问其次。"曰："言必信，

行必果，硁硁然小人哉！——抑亦可以为

次矣。"曰："今之从政者何如？"子曰："噫！

dǒu shāo zhī rén　　hé zú suàn yě
斗筲之人，何足算也？”

zǐ yuē　　bù dé zhōng xíng ér yǔ zhī　　bì yě kuáng juàn
13.21　子曰："不得中 行而与之，必也狂 狷
hū　　kuáng zhě jìn qǔ　　juàn zhě yǒu suǒ bù wéi yě
乎！狂者进取，狷者有所不为也。"

zǐ yuē　　nán rén yǒu yán yuē　　rén ér wú héng　　bù kě
13.22　子曰："南人有言曰：'人而无恒，不可
yǐ zuò wū yī　　shàn fú　　bù héng qí dé　　huò chéng zhī xiū
以作巫医。'善夫！""不恒其德，或 承之羞。"
zǐ yuē　　bù zhān ér yǐ yǐ
子曰："不占而已矣。"

zǐ yuē　　jūn zǐ hé ér bù tóng　　xiǎo rén tóng ér
13.23　子曰："君子和而不同，小人同而
bù hé
不和。"

zǐ gòng wèn yuē　　xiāng rén jiē hào zhī　　hé rú　　zǐ
13.24　子贡问曰："乡人皆好之，何如？"子
yuē　　wèi kě yě　　xiāng rén jiē wù zhī　　hé rú　　zǐ yuē
曰："未可也。""乡人皆恶之，何如？"子曰：
wèi kě yě　　bù rú xiāng rén zhī shàn zhě hào zhī　　qí bù shàn zhě
"未可也；不如乡人之善者好之，其不善者
wù zhī
恶之。"

zǐ yuē　　jūn zǐ yì shì ér nán yuè yě　　yuè zhī bù
13.25　子曰："君子易事而难说也。说之不
yǐ dào　　bù yuè yě　　jí qí shǐ rén yě　　qì zhī　　xiǎo rén nán shì
以道，不说也；及其使人也，器之。小人难事

而易说也。说之虽不以道，说也；及其使人
也，求备焉。”

13.26　子曰：“君子泰而不骄，小人骄而
不泰。”

13.27　子曰：“刚、毅、木、讷近仁。”

13.28　子路问曰：“何如斯可谓之士矣？”子
曰：“切切偲偲，怡怡如也，可谓士矣。朋友
切切偲偲，兄弟怡怡。”

13.29　子曰：“善人教民七年，亦可以即
戎矣。”

13.30　子曰：“以不教民战，是谓弃之。”

宪问篇第十四

14.1　宪问耻。子曰:"邦有道,穀;邦无道,穀,耻也。""克、伐、怨、欲不行焉,可以为仁矣?"子曰:"可以为难矣,仁则吾不知也。"

14.2　子曰:"士而怀居,不足以为士矣。"

14.3　子曰:"邦有道,危言危行;邦无道,危行言孙。"

14.4　子曰:"有德者必有言,有言者不必有德。仁者必有勇,勇者不必有仁。"

14.5　南宫适问于孔子曰:"羿善射,奡荡舟,俱不得其死然。禹稷躬稼而有天下。"夫子不答。南宫适出，子曰："君子哉若人！尚德哉若人！"

14.6　子曰："君子而不仁者有矣夫，未有小人而仁者也。"

14.7　子曰："爱之，能勿劳乎？忠焉，能勿诲乎？"

14.8　子曰："为命，裨谌草创之，世叔讨论之，行人子羽修饰之，东里子产润色之。"

14.9　或问子产。子曰："惠人也。"问子西。曰："彼哉！彼哉！"问管仲。曰："人也。夺伯氏骈邑三百，饭疏食，没齿无怨言。"

14.10　子曰："贫而无怨难，富而无骄易。"

14.11　子曰："孟公绰为赵魏老则优，不可以为滕薛大夫。"

14.12 子路问成人。子曰:"若臧武仲之知,公绰之不欲,卞庄子之勇,冉求之艺,文之以礼乐,亦可以为成人矣。"曰:"今之成人者何必然?见利思义,见危授命,久要不忘平生之言,亦可以为成人矣。"

14.13 子问公叔文子于公明贾曰:"信乎,夫子不言,不笑,不取乎?"公明贾对曰:"以告者过也。夫子时然后言,人不厌其言;乐然后笑,人不厌其笑;义然后取,人不厌其取。"子曰:"其然,岂其然乎?"

14.14 子曰:"臧武仲以防求为后于鲁,虽曰不要君,吾不信也。"

14.15 子曰:"晋文公谲而不正,齐恒公正而不谲。"

14.16　子路曰："桓公杀公子纠，召忽死之，管仲不死。"曰："未仁乎?"子曰："桓公九合诸侯，不以兵车，管仲之力也。如其仁，如其仁。"

14.17　子贡曰："管仲非仁者与?桓公杀公子纠，不能死，又相之。"子曰："管仲相桓公，霸诸侯，一匡天下，民到于今受其赐。微管仲，吾其被发左衽矣。岂若匹夫匹妇之为谅也，自经于沟渎而莫之知也。"

14.18　公叔文子之臣大夫僎与文子同升诸公。子闻之，曰："可以为'文'矣。"

14.19　子言卫灵公之无道也，康子曰："夫如是，奚而不丧?"孔子曰："仲叔圉治宾客，祝鲍治宗庙，王孙贾治军旅。夫如是，奚

14.20　子曰："其言之不怍,则为之也难。"

14.21　陈成子弑简公。孔子沐浴而朝,告
于哀公曰："陈恒弑其君,请讨之。"公曰:
"告夫三子!"孔子曰："以吾从大夫之后,不
敢不告也。君曰'告夫三子'者!"之三子告,
不可。孔子曰："以吾从大夫之后,不敢不
告也。"

14.22　子路问事君。子曰："勿欺也,而
犯之。"

14.23　子曰："君子上达,小人下达。"

14.24　子曰："古之学者为己,今之学者
为人。"

14.25　蘧伯玉使人于孔子,孔子与之坐而问

焉,曰:"夫子何为?"对曰:"夫子欲寡其过而未能也。"使者出。子曰:"使乎! 使乎!"

14.26 子曰:"不在其位,不谋其政。"曾子曰:"君子思不出其位。"

14.27 子曰:"君子耻其言而过其行。"

14.28 子曰:"君子道者三,我无能焉:仁者不忧,知者不惑,勇者不惧。"子贡曰:"夫子自道也。"

14.29 子贡方人。子曰:"赐也贤乎哉? 夫我则不暇。"

14.30 子曰:"不患人之不己知,患其不能也。"

14.31 子曰:"不逆诈,不亿不信,抑亦先觉者,是贤乎!"

14.32　微生亩谓孔子曰："丘何为是栖栖者与？无乃为佞乎？"孔子曰："非敢为佞也，疾固也。"

14.33　子曰："骥不称其力，称其德也。"

14.34　或曰："以德报怨，何如？"子曰："何以报德？以直报怨，以德报德。"

14.35　子曰："莫我知也夫！"子贡曰："何为其莫知子也？"子曰："不怨天，不尤人，下学而上达。知我者其天乎？"

14.36　公伯寮愬子路于季孙。子服景伯以告，曰："夫子固有惑志于公伯寮，吾力犹能肆诸市朝。"子曰："道之将行也与，命也；道之将废也与，命也。公伯寮其如命何？"

14.37　子曰："贤者辟世，其次辟地，其次辟色，其次辟言。"子曰："作者七人矣。"

14.38　子路宿于石门。晨门曰："奚自?"子路曰："自孔氏。"曰："是知其不可而为之者与?"

14.39　子击磬于卫，有荷蒉而过孔氏之门者，曰："有心哉，击磬乎!"既而曰："鄙哉，硁硁乎! 莫己知也，斯己而已矣。深则厉，浅则揭。"子曰："果哉! 末之难矣。"

14.40　子张曰："《书》云：'高宗谅阴，三年不言。'何谓也?"子曰："何必高宗，古之人皆然。君薨，百官总己以听于冢宰三年。"

14.41　子曰："上好礼，则民易使也。"

14.42　子路问君子。子曰："修己以敬。"曰："如斯而已乎?"曰："修己以安人。曰："如斯

ér yǐ hū yuē xiū jǐ yǐ ān bǎi xìng xiū jǐ yǐ ān bǎi
而已乎?"曰:"修己以安百姓。修己以安百

xìng yáo shùn qí yóu bìng zhū
姓,尧舜其犹病诸?"

yuán rǎng yí sì zǐ yuē yòu ér bù xùn tì zhǎng ér
14.43 原壤夷俟。子曰:"幼而不孙弟,长而

wú shù yān lǎo ér bù sǐ shì wéi zéi yǐ zhàng kòu qí jìng
无述焉,老而不死,是为贼。"以杖叩其胫。

què dǎng tóng zǐ jiāng mìng huò wèn zhī yuē yì zhě
14.44 阙党童子将命。或问之曰:"益者

yú zǐ yuē wú jiàn qí jū yú wèi yě jiàn qí yǔ xiān shēng
与?"子曰:"吾见其居于位也,见其与先生

bìng xíng yě fēi qiú yì zhě yě yù sù chéng zhě yě
并行也。非求益者也,欲速成者也。"

卫灵公篇第十五

15.1 卫灵公问陈于孔子。孔子对曰:"俎豆之事,则尝闻之矣;军旅之事,未之学也。"明日遂行。

15.2 在陈绝粮,从者病,莫能兴。子路愠见曰:"君子亦有穷乎?"子曰:"君子固穷,小人穷斯滥矣。"

15.3 子曰:"赐也,女以予为多学而识之者与?"对曰:"然,非与?"曰:"非也。予一以贯之。

15.4 子曰:"由!知德者鲜矣。"

109

15.5 子曰:"无为而治者其舜也与?夫何为哉?恭己正南面而已矣。"

15.6 子张问行。子曰:"言忠信,行笃敬,虽蛮貊之邦,行矣。言不忠信,行不笃敬,虽州里,行乎哉?立则见其参于前也,在舆则见其倚于衡也,夫然后行。"子张书诸绅。

15.7 子曰:"直哉史鱼!邦有道,如矢;邦无道,如矢。君子哉蘧伯玉!邦有道,则仕;邦无道,则可卷而怀之。"

15.8 子曰:"可与言而不与之言,失人;不可与之言而与之言,失言。知者不失人,亦不失言。"

15.9 子曰:"志士仁人,无求生以害仁,有杀身以成仁。"

15.10　子贡问为仁。子曰："工欲善其事，必先利其器。居上邦也，事其大夫之贤者，友其士之仁者。"

15.11　颜渊问为邦。子曰："行夏之时，乘殷之辂，服周之冕，乐则《韶》、《舞》。放郑声，远佞人。郑声淫，佞人殆。"

15.12　子曰："人无远虑，必有近忧。"

15.13　子曰："已矣乎！吾未见好德如好色者也。"

15.14　子曰："臧文仲其窃位者与！知柳下惠之贤而不与立也。"

15.15　子曰："躬自厚而薄责于人，则远怨矣。"

15.16　子曰："不曰'如之何，如之何'者，吾

mò rú zhī hé yě yǐ yǐ
末如之何也已矣。"

15.17　子曰："群居终日，言不及义，好行小
zǐ yuē　　qún jū zhōng rì　yán bù jí yì　hào xíng xiǎo

h   uì   nán yǐ zāi
慧，难矣哉！"

15.18　子曰："君子义以为质，礼以行之，孙
zǐ yuē　　jūn zǐ yì yǐ wéi zhì　lǐ yǐ xíng zhī　xùn

yǐ chū zhī　xìn yǐ chéng zhī　　jūn zǐ zāi
以出之，信以成之。君子哉！"

15.19　子曰："君子病无能焉，不病人之不己
zǐ yuē　　jūn zǐ bìng wú néng yān　bù bìng rén zhī bù jǐ

zhī yě
知也。"

15.20　子曰："君子疾没世而名不称焉。"
zǐ yuē　　jūn zǐ jí mò shì ér míng bù chēng yān

15.21　子曰："君子求诸己，小人求诸人。"
zǐ yuē　　jūn zǐ qiú zhū jǐ　xiǎo rén qiú zhū rén

15.22　子曰："君子矜而不争，群而不党。"
zǐ yuē　　jūn zǐ jīn ér bù zhēng　qún ér bù dǎng

15.23　子曰："君子不以言举人，不以人
zǐ yuē　　jūn zǐ bù yǐ yán jǔ rén　bù yǐ rén

fèi yán
废言。"

15.24　子贡问曰："有一言而可以终身行之
zǐ gòng wèn yuē　　yǒu yī yán ér kě yǐ zhōng shēn xíng zhī

者乎？"子曰："其恕乎！己所不欲，勿施
zhě hū　　　zǐ yuē　　qí shù hū　jǐ suǒ bù yù　wù shī

论
语

卫灵公篇第十五

112

于人。”

15.25　子曰：“吾之于人也，谁毁谁誉？如有所誉者，其有所试矣。斯民也，三代之所以直道而行也。”

15.26　子曰：“吾犹及史之阙文也。有马者借人乘之，今亡矣夫。”

15.27　子曰：“巧言乱德。小不忍，则乱大谋。”

15.28　子曰：“众恶之，必察焉；众好之，必察焉。”

15.29　子曰：“人能弘道，非道弘人。”

15.30　子曰：“过而不改，是谓过矣。”

15.31　子曰：“吾尝终日不食，终夜不寝，以思，无益，不如学也。”

15.32　子曰:"君子谋道不谋食。耕也,馁在其中矣;学也,禄在其中矣。君子忧道不忧贫。"

15.33　子曰:"知及之,仁不能守之;虽得之,必失之。知及之,仁能守之。不庄以涖之,则民不敬。知及之,仁能守之,庄以涖之,动之不以礼,未善也。"

15.34　子曰:"君子不可小知而可大受也,小人不可大受而可小知也。"

15.35　子曰:"民之于仁也,甚于水火。水火,吾见蹈而死者矣,未见蹈仁而死者也。"

15.36　子曰:"当仁,不让于师。"

15.37　子曰:"君子贞而不谅。"

15.38　子曰:"事君,敬其事而后其食。"

15.39　子曰："有教无类。"

15.40　子曰："道不同，不相为谋。"

15.41　子曰："辞，达而已矣。"

15.42　师冕见，及阶，子曰："阶也。"及席，子曰："席也。"皆坐。子告之曰："某在斯，某在斯。"师冕出。子张问曰："与师言之道与？"子曰："然；固相师之道也。"

季氏篇第十六

16.1 季氏将伐颛臾。冉有、季路见于孔子曰:"季氏将有事于颛臾。"孔子曰:"求!无乃尔是过与?夫颛臾,昔者先王以为东蒙主,且在邦域之中矣,是社稷之臣也。何以伐为?"冉有曰:"夫子欲之,吾二臣者皆不欲也。"孔子曰:"求!周任有言曰:'陈力就列,不能者止。'危而不持,颠而不扶,则将焉用彼相矣?且尔言过矣,虎兕出于柙,龟玉毁于椟中,是谁之过与?"冉有曰:"今夫颛臾,固而近于费。今不取,后世必为子孙忧。"孔

116

子曰："求！君子疾夫舍曰欲之而必为之辞。丘也闻有国有家者，不患寡而患不均，不患贫而患不安。盖均无贫，和无寡，安无倾。夫如是，故远人不服，则修文德以来之。既来之，则安之。今由与求也，相夫子，远人不服，而不能来也；邦分崩离析，而不能守也；而谋动干戈于邦内。吾恐季孙之忧，不在颛臾，而在萧墙之内也。"

16.2　孔子曰："天下有道，则礼乐征伐自天子出；天下无道，则礼乐征伐自诸侯出。自诸侯出，盖十世希不失矣；自大夫出，五世希不失矣；陪臣执国命，三世希不失矣。天下有道，则政不在大夫。天下有道，则庶人不议。"

117

16.3　孔子曰："禄之去公室五世矣，政逮于大夫四世矣，故夫三桓之子孙微矣。"

16.4　孔子曰："益者三友，损者三友。友直，友谅，友多闻，益矣。友便辟，友善柔，友便佞，损矣。"

16.5　孔子曰："益者三乐，损者三乐。乐节礼乐，乐道人之善，乐多贤友，益矣。乐骄乐，乐佚游，乐晏乐，损矣。"

16.6　孔子曰："侍于君子有三愆：言未及之而言谓之躁，言及之而不言谓之隐，未见颜色而言谓之瞽。"

16.7　孔子曰："君子有三戒：少之时，血气未定，戒之在色；及其壮也，血气方刚，戒之在斗；及其老也，血气既衰，戒之在得。"

16.8　孔子曰:"君子有三畏:畏天命,畏大人,畏圣人之言。小人不知天命而不畏也,狎大人,侮圣人之言。"

16.9　孔子曰:"生而知之者上也,学而知之者次也;困而学之,又其次也;困而不学,民斯为下矣。"

16.10　孔子曰:"君子有九思:视思明,听思聪,色思温,貌思恭,言思忠,事思敬,疑思问,忿思难,见得思义。"

16.11　孔子曰:"见善如不及,见不善如探汤。吾见其人矣,吾闻其语矣。隐居以求其志,行义以达其道。吾闻其语矣,未见其人也。"

16.12　齐景公有马千驷,死之日,民无德而

称焉。伯夷叔齐饿于首阳之下，民到于今
称之。其斯之谓与？"

16.13　陈亢问于伯鱼曰："子亦有异闻乎？"
对曰："未也。尝独立，鲤趋而过庭。曰：
'学诗乎？'对曰：'未也。''不学诗，无以言。'
鲤退而学诗。他日，又独立，鲤趋而过庭。
曰：'学礼乎？'对曰：'未也。''不学礼，无以
立。'鲤退而学礼。闻斯二者。"陈亢退而喜
曰："问一得三。闻诗，闻礼，又闻君子之远
其子也。"

16.14　邦君之妻，君称之曰夫人，夫人自称
曰小童；邦人称之曰君夫人，称诸异邦曰
寡小君；异邦人称之亦曰君夫人。

17.1　阳货欲见孔子，孔子不见，归孔子豚。

孔子时其亡也，而往拜之。遇诸涂。谓孔

子曰："来！予与尔言。"曰："怀其宝而迷其

邦，可谓仁乎？"曰："不可。——好从事而亟

失时，可谓知乎？"曰："不可。——日月逝

矣，岁不我与。"孔子曰："诺；吾将仕矣。"

17.2　子曰："性相近也，习相远也。"

17.3　子曰："唯上知与下愚不移。"

17.4　子之武城，闻弦歌之声。夫子莞尔而

笑，曰："割鸡焉用牛刀？"子游对曰："昔者

偃也闻诸夫子曰：'君子学道则爱人，小人学道则易使也。'"子曰："二三子！偃之言是也。前言戏之耳。"

17.5　公山弗扰以费畔，召，子欲往。子路不说，曰："末之也，已，何必公山氏之之也。"子曰："夫召我者，而岂徒哉？如有用我者，吾其为东周乎？"

17.6　子张问仁于孔子。孔子曰："能行五者于天下为仁矣。""请问之。"曰："恭，宽，信，敏，惠。恭则不侮，宽则得众，信则人任焉，敏则有功，惠则足以使人。"

17.7　佛肸召，子欲往。子路曰："昔者由也闻诸夫子曰：'亲于其身为不善者，君子不入也。'佛肸以中牟畔，子之往也，如之何？"子曰:"然,有是言也。不曰坚乎,磨而不磷;不曰白乎,涅而不缁。吾岂匏瓜也哉?焉能系而不食。"

17.8　子曰:"由也!女闻六言六蔽矣乎?"对曰:"未也。""居!吾语女。好仁不好学,其蔽也愚;好知不好学,其蔽也荡;好信不好学,其蔽也贼;好直不好学,其蔽也绞;好勇不好学,其蔽也乱;好刚不好学,其蔽也狂。"

17.9　子曰:"小子何莫学夫诗?诗,可以兴,可以观,可以群,可以怨。迩之事父,远之事君;多识于鸟兽草木之名。"

17.10　子谓伯鱼曰:"女为《周南》、《召南》矣乎?人而不为《周南》、《召南》,其犹正墙面而立也与？”

17.11　子曰："礼云礼云，玉帛云乎哉？乐云乐云，钟鼓云乎哉？"

17.12　子曰："色厉而内荏，譬诸小人，其犹穿窬之盗也与？"

17.13　子曰："乡愿，德之贼也。"

17.14　子曰："道听而涂说，德之弃也。"

17.15　子曰："鄙夫可与事君也与哉？其未得之也，患得之。既得之，患失之。苟患失之，无所不至矣。"

17.16　子曰："古者民有三疾，今也或是之亡也。古之狂也肆，今之狂也荡；古之矜也廉，今之矜也忿戾；古之愚也直，今之愚也诈而已矣。"

17.17　子曰："巧言令色，鲜矣仁。"

17.18　子曰："恶紫之夺朱也，恶郑声之乱雅乐也，恶利口之覆邦家者。"

17.19　子曰："予欲无言。"子贡曰："子如不言，则小子何述焉?"子曰："天何言哉? 四时行焉，百物生焉，天何言哉?"

17.20　孺悲欲见孔子，孔子辞以疾。将命者出户，取瑟而歌，使之闻之。

17.21　宰我问："三年之丧，期已久矣。君子三年不为礼，礼必坏;三年不为乐，乐必崩。旧谷既没，新谷既升，钻燧改火，期可已矣。"子曰："食夫稻，衣夫锦，于女安乎?"曰："安。""女安则为之! 夫君子之居丧，食旨不甘，闻乐不乐，居处不安，故不为也。今女

论语

阳货篇第十七

125

安，则为之！"宰我出。子曰："予之不仁也！

子生三年，然后免于父母之怀。夫三年之

丧，天下之通丧也。予也有三年之爱于其

父母乎！"

17.22 子曰："饱食终日，无所用心，难矣哉！

不有博弈者乎，为之，犹贤乎已。"

17.23 子路曰："君子尚勇乎？"子曰："君子

义以为上，君子有勇而无义为乱，小人有勇

而无义为盗。"

17.24 子贡曰："君子亦有恶乎？"子曰："有

恶：恶称人之恶者，恶居下流而讪上者，恶

勇而无礼者，恶果敢而窒者。"曰："赐也亦有

恶乎？""恶徼以为知者，恶不孙以为勇者，

恶讦以为直者。"

17.25　子曰："唯女子与小人为难养也，近之
则不孙，远之则怨。"

17.26　子曰："年四十而见恶焉，其终也已。"

wēi zǐ piān dì shí bā

微子篇第十八

wēi zǐ qù zhī　jī zǐ wéi zhī nú　bǐ gān jiàn ér sǐ

18.1　微子去之，箕子为之奴，比干谏而死。

kǒng zǐ yuē　　yīn yǒu sān rén yān

孔子曰："殷有三仁焉。"

liǔ xià huì wéi shì shī　sān chù　　rén yuē　　zǐ wèi kě

18.2　柳下惠为士师，三黜。人曰："子未可

yǐ qù hū　　yuē　　zhí dào ér shì rén　yān wǎng ér bù sān chù

以去乎？"曰："直道而事人，焉往而不三黜？

wǎng dào ér shì rén　hé bì qù fù mǔ zhī bāng

枉道而事人，何必去父母之邦？"

qí jǐng gōng dài kǒng zǐ yuē　　ruò jì shì　zé wú bù néng

18.3　齐景公待孔子曰："若季氏，则吾不能；

yǐ jì mèng zhī jiān dài zhī　　yuē　　wú lǎo yǐ　bù néng yòng

以季孟之间待之。"曰："吾老矣，不能用

yě　　kǒng zǐ xíng

也。"孔子行。

qí rén kuì nǚ yuè　　jì huán zǐ shòu zhī　sān rì bù cháo

18.4　齐人归女乐，季桓子受之，三日不朝。

kǒng zǐ xíng

孔子行。

18.5　楚狂接舆歌而过孔子曰："凤兮凤兮！何德之衰？往者不可谏，来者犹可追。已而，已而！今之从政者殆而！"孔子下，欲与之言。趋而辟之，不得与之言。

18.6　长沮、桀溺耦而耕，孔子过之，使子路问津焉。长沮曰："夫执舆者为谁？"子路曰："为孔丘。"曰："是鲁孔丘与？"曰："是也。"曰："是知津矣。"问于桀溺。桀溺曰："子为谁？"曰："为仲由。"曰："是鲁孔丘之徒与？"对曰："然。"曰："滔滔者天下皆是也，而谁以易之？且而与其从辟人之士也，岂若从辟世之士哉？"耰而不辍。子路行以告。夫子怃然曰："鸟兽不可与同群，吾非斯人之徒与而谁与？天下有道，丘不与易也。"

论语

微子篇第十八

129

論語

微子篇第十八

130

18.7　子路从而后，遇丈人，以杖荷蓧。子路问曰："子见夫子乎？"丈人曰："四体不勤，五谷不分。孰为夫子？"植其杖而芸。子路拱而立。止子路宿，杀鸡为黍而食之，见其二子焉。明日，子路行以告。子曰："隐者也。"使子路反见之。至，则行矣。子路曰："不仕无义。长幼之节，不可废也；君臣之义，如之何其废之？欲洁其身，而乱大伦。君子之仕也，行其义也。道之不行，已知之矣。"

18.8　逸民：伯夷、叔齐、虞仲、夷逸、朱张、柳下惠、少连。子曰："不降其志，不辱其身，伯夷、叔齐与！"谓"柳下惠、少连，降志辱身矣，言中伦，行中虑，其斯而已矣。"谓"虞

zhòng　yí　yì　　yǐn jū fàng yán　shēn zhòng qīng　fèi zhòng quán　　wǒ
仲、夷逸，隐居放言，身中清，废中权。我

zé　yì　yú shì　　wú kě wú bù kě
则异于是，无可无不可。"

　　　　　　tài shī zhì shì qí　　yà fàn gān shì chǔ　sān fàn liáo shì
18.9　　大师挚适齐，亚饭干适楚，三饭缭适

cài　　sì fàn quē shì qín　　gǔ fāng shū rù yú hé　　bō táo wǔ rù yú
蔡，四饭缺适秦，鼓方叔入于河，播鼗武入于

hàn　shào shī yáng　jī qìng xiāng rù yú hǎi
汉，少师阳、击磬襄入于海。

　　　　　　　zhōu gōng wèi lǔ gōng yuē　　jūn zǐ bù chí qí qīn　bù shǐ
18.10　　周公谓鲁公曰："君子不施其亲，不使

dà chén yuàn hū bù yǐ　　gù jiù wú dà gù　zé bù qì yě
大臣怨乎不以。故旧无大故，则不弃也。

wú qiú bèi yú yī rén
无求备于一人！"

　　　　　　　zhōu yǒu bā shì　bó dá　bó shì　zhòng tū　zhòng hū
18.11　　周有八士：伯达、伯适、仲突、仲忽、

shū yè　shū xià　jì suí　jì guā
叔夜、叔夏、季随、季骊。

子张篇第十九

19.1　子张曰:"士见危致命,见得思义,祭思敬,丧思哀,其可已矣。"

19.2　子张曰:"执德不弘,信道不笃,焉能为有? 焉能为亡?"

19.3　子夏之门人问交于子张。子张曰:"子夏云何?"对曰:"子夏曰:'可者与之,其不可者拒之。'"子张曰:"异乎吾所闻:君子尊贤而容众,嘉善而矜不能。我之大贤与,于人何所不容? 我之不贤与,人将拒我,如之何其拒人也?"

19.4　子夏曰：“虽小道，必有可观者焉；致远恐泥，是以君子不为也。”

19.5　子夏曰：“日知其所亡，月无忘其所能。可谓好学也已矣。”

19.6　子夏曰：“博学而笃志，切问而近思，仁在其中矣。”

19.7　子夏曰：“百工居肆以成其事，君子学以致其道。”

19.8　子夏曰：“小人之过也必文。”

19.9　子夏曰：“君子有三变：望之俨然，即之也温，听其言也厉。”

19.10　子夏曰：“君子信而后劳其民；未信，则以为厉己也。信而后谏；未信，则以为谤己也。”

19.11　子夏曰："大德不逾闲，小德出入可也。"

19.12　子游曰："子夏之门人小子，当洒扫应对进退，则可矣，抑末也。本之则无，如之何？"子夏闻之，曰："噫！言游过矣！君子之道，孰先传焉？孰后倦焉？譬诸草木，区以别矣。君子之道，焉可诬也？有始有卒者，其惟圣人乎！"

19.13　子夏曰："仕而优则学，学而优则仕。"

19.14　子游曰："丧致乎哀而止。"

19.15　子游曰："吾友张也为难能也，然而未仁。"

19.16　曾子曰："堂堂乎张也，难与并为仁矣。"

19.17　曾子曰：“吾闻诸夫子：人未有自致者也，必也亲丧乎！”

19.18　曾子曰：“吾闻诸夫子：孟庄子之孝也，其他可能也；其不改父之臣与父之政，是难能也。”

19.19　孟氏使阳肤为士师，问于曾子。曾子曰：“上失其道，民散久矣。如得其情，则哀矜而勿喜！”

19.20　子贡曰：“纣之不善，不如是之甚也。是以君子恶居下流，天下之恶皆归焉。”

19.21　子贡曰：“君子之过也，如日月之食焉：过也，人皆见之；更也，人皆仰之。”

19.22　卫公孙朝问于子贡曰：“仲尼焉学？”子贡曰：“文武之道，未坠于地，在人。贤者

zhì qí dà zhě bù xián zhě zhì qí xiǎo zhě mò bù yǒu wén wǔ zhī

识其大者，不贤者识其小者。莫不有文武之

dào yān fū zǐ yān bù xué ér yì hé cháng shī zhī yǒu

道焉。夫子焉不学？而亦何常师之有？"

shū sūn wǔ shū yù dà fū yú cháo yuē zǐ gòng xián yú

19.23 叔孙武叔语大夫于朝曰："子贡贤于

zhòng ní zǐ fú jǐng bó yǐ gào zǐ gòng zǐ gòng yuē pì zhī

仲尼。"子服景伯以告子贡。子贡曰："譬之

gōng qiáng cì zhī qiáng yě jí jiān kuī jiàn shì jiā zhī hǎo fū zǐ

宫 墙，赐之墙也及肩，窥见室家之好。夫子

zhī qiáng shù rèn bù dé qí mén ér rù bù jiàn zōng miào zhī měi

之墙数仞，不得其门而入，不见 宗 庙之美，

bǎi guān zhī fù dé qí mén zhě huò guǎ yǐ fū zǐ zhī yún bù

百官之富。得其门者或寡矣。夫子之云，不

yì yí hū

亦宜乎！"

shū sūn wǔ shū huǐ zhòng ní zǐ gòng yuē wú yǐ wéi

19.24 叔孙武叔毁仲尼。子贡曰："无以为

yě zhòng ní bù kě huǐ yě tā rén zhī xián zhě qiū líng yě

也。仲尼不可毁也。他人之贤者，丘陵也，

yóu kě yú yě zhòng ní rì yuè yě wú dé ér yú yān rén

犹可逾也；仲尼，日月也，无得而逾焉。人

suī yù zì jué qí hé shāng yú rì yuè hū duō jiàn qí bù zhī

虽欲自绝，其何伤于日月乎？多见其不知

liàng yě

量也。"

chén zǐ qín wèi zǐ gòng yuē zǐ wéi gōng yě zhòng ní qǐ

19.25 陈子禽谓子贡曰："子为恭也，仲尼岂

贤于子乎？"子贡曰："君子一言以为知，一言以为不知，言不可不慎也。夫子之不可及也，犹天之不可阶而升也。夫子之得邦家者，所谓立之斯立，道之斯行，绥之斯来，动之斯和。其生也荣，其死也哀，如之何其可及也？"

尧曰篇第二十

20.1　尧曰:"咨!尔舜!天之历数在尔躬,允执其中。四海困穷,天禄永终。"舜亦以命禹。曰:"予小子履敢用玄牡,敢昭告于皇皇后帝:有罪不敢赦。帝臣不蔽,简在帝心。朕躬有罪,无以万方;万方有罪,罪在朕躬。"周有大赉,善人是富。"虽有周亲,不如仁人。百姓有过,在予一人。"谨权量,审法度,修废官,四方之政行焉。兴灭国,继绝世,举逸民,天下之民归心焉。所重:民、食、丧、祭。宽则得众,信则民任焉,

mǐn zé yǒu gōng gōng zé yuè

敏则有功，公则说。"

zǐ zhāng wèn yú kǒng zǐ yuē   hé rú sī kě yǐ cóng zhèng

20.2　子张问于孔子曰："何如斯可以从政

yǐ zǐ yuē   zūn wǔ měi bǐng sì è sī kě yǐ cóng zhèng

矣？"子曰："尊五美，屏四恶，斯可以从政

yǐ zǐ zhāng yuē   hé wèi wǔ měi zǐ yuē   jūn zǐ huì ér

矣。"子张曰："何谓五美？"子曰："君子惠而

bù fèi láo ér bù yuàn yù ér bù tān tài ér bù jiāo wēi ér

不费，劳而不怨，欲而不贪，泰而不骄，威而

bù měng zǐ zhāng yuē   hé wèi huì ér bù fèi zǐ yuē   yīn

不猛。"子张曰："何谓惠而不费？"子曰："因

mín zhī suǒ lì ér lì zhī sī bù yì huì ér bù fèi hū zé kě

民之所利而利之，斯不亦惠而不费乎？择可

láo ér láo zhī yòu shuí yuàn yù rén ér dé rén yòu yān tān

劳而劳之，又谁怨？欲仁而得仁，又焉贪？

jūn zǐ wú zhòng guǎ wú xiǎo dà wú gǎn màn sī bù yì tài ér

君子无众寡，无小大，无敢慢，斯不亦泰而

bù jiāo hū   jūn zǐ zhèng qí yī guān zūn qí zhān shì yǎn rán rén

不骄乎？君子正其衣冠，尊其瞻视，俨然人

wàng ér wèi zhī sī bù yì wēi ér bù měng hū   zǐ zhāng yuē

望而畏之，斯不亦威而不猛乎？"子张曰：

hé wèi sì è   zǐ yuē   bù jiào ér shā wèi zhī nüè bù jiè

"何谓四恶？"子曰："不教而杀谓之虐；不戒

shì chéng wèi zhī bào màn lìng zhì qī wèi zhī zéi yóu zhī yǔ rén

视成谓之暴；慢令致期谓之贼；犹之与人

yě chū nà zhī lìn wèi zhī yǒu sī

也，出纳之吝谓之有司。"

论语

尧曰篇第二十

139

20.3　孔子曰："不知命，无以为君子也；不知礼，无以立也；不知言，无以知人也。"

先進篇第十一

11.1　子曰："先進於禮樂,野人也;後進於禮樂,君子也。如用之,則吾從先進。"

11.2　子曰："從我於陳、蔡者,皆不及門也。"

11.3　德行:顏淵,閔子騫,冉伯牛,仲弓。言語:宰我,子貢。政事:冉有,季路。文學:子游,子夏。

11.4　子曰："回也非助我者也,於吾言無所不説。"

11.5　子曰："孝哉閔子騫! 人不間於其父母昆弟之言。"

11.6　南容三復白圭,孔子以其兄之子妻之。

11.7　季康子問:"弟子孰爲好學?"孔子對曰:"有顏回者好學,不幸短命死矣,今也則亡。"

11.8　顏淵死,顏路請子之車以爲之椁。子曰:"才不才,亦各言其子也。鯉也死,有棺而無椁。吾不徒行以爲之椁。以吾從大夫之後,不可徒行也。"

11.9　顏淵死。子曰:"噫! 天喪予! 天喪予!"

11.10　顏淵死,子哭之慟。從者曰:"子慟矣!"曰:"有慟乎? 非夫之人爲慟而誰爲?"

11.11　顏淵死,門人欲厚葬之。子曰:"不可。"門人厚葬之。子曰："回也視予猶父也，予不得視猶子也。非我也，夫二三子也。"

11.12　季路問事鬼神。子曰："未能事人，焉能事鬼？"曰："敢問死"。曰："未知生，焉知死？"

11.13　閔子侍側，誾誾如也；子路，行行如也；冉有、子貢，侃侃如也。子樂。"若由也，不得其死然。"

11.14　魯人爲長府。閔子騫曰："仍舊貫，如之何？何必改作？"子曰："夫人不言，言必有中。"

11.15　子曰："由之瑟奚爲於丘之門？"門人不敬子路。子曰："由也升堂矣，未入於室也。"

11.16　子貢曰："師與商也孰賢？"子曰："師也過，商也不及。"曰："然則師愈與？"子曰："過猶不及。"

11.17　季氏富於周公，而求也爲之聚斂而附益之。子曰："非吾徒也。小子鳴鼓而攻之，可也。"

11.18　柴也愚，參也魯，師也辟，由也喭。

11.19　子曰："回也其庶乎，屢空。賜不受命，而貨殖焉，億則屢中。"

11.20　子張問善人之道，子曰："不踐迹，亦不入於室。"

11.21　子曰："論篤是與，君子者乎？色莊者乎？"

11.22　子路問："聞斯行諸？"子曰："有父兄在，如之何其聞斯行之？"冉有問："聞斯行諸？"子曰："聞斯行之。"公西華曰："由也問聞斯行諸，子曰，'有父兄在'；求也問聞斯行諸,子曰,'聞斯行之'。赤也惑,敢問。"子曰:"求也退,故進之;由也兼人,故退之。"

11.23　子畏於匡,顏淵後。子曰:"吾以女爲死矣。"曰:"子在,回何敢死?"

11.24　季子然問:"仲由、冉求可謂大臣與?"子曰:"吾以子爲異之問,曾由與求之問。所謂大臣者,以道事君,不可則止。今由與求也,可謂具臣矣。"曰:"然則從之者與?"子曰:"弒父與君,亦不從也。"

11.25　子路使子羔爲費宰。子曰:"賊夫人之子。"子路曰:"有民人焉,有社稷焉,何必讀書,然後爲學?"子曰:"是故惡夫佞者。"

11.26　子路、曾晳、冉有、公西華侍坐。子曰:"以吾一日長乎爾,毋吾以也。居則曰:'不吾知也!'如或知爾,則何以哉?"子路率爾而對曰:"千乘之國,攝乎大國之間,加之以師旅,因之以饑饉;由也爲之,比及三年,可使有勇,且知方也。"夫子哂之。"求,爾何如?"對曰:"方六七十,如五六十,求也爲之,比及三年,可使足民。如其禮樂,以俟君子。""赤,爾何如?"對曰:"非曰能之,願學焉。宗廟之事,如會同,端章甫,願爲小相焉。""點,爾何如?"鼓瑟希,鏗爾,舍瑟而作,對曰:"異乎三子者之撰。"子曰:"何傷乎?亦各言其志也。"曰:"莫春者,春服既成,冠者五六人,童子六七人,浴乎沂,風乎舞雩,詠而歸。"夫子喟然嘆曰:"吾與點也!"

　　三子者出，曾皙後。曾皙曰："夫三子者之言何如?"子曰："亦各言其志也已矣。"曰："夫子何哂由也?"曰："爲國以禮，其言不讓，是故哂之。""唯求則非邦也與?""安見方六七十如五六十而非邦也者?""唯赤則非邦也與?""宗廟會同，非諸侯而何? 赤也爲之小，孰能爲之大?"

顏淵篇第十二

12.1　顏淵問仁。子曰："克己復禮爲仁。一日克己復禮，天下歸仁焉。爲仁由己，而由人乎哉？"顏淵曰："請問其目。"子曰："非禮勿視，非禮勿聽，非禮勿言，非禮勿動。"顏淵曰："回雖不敏，請事斯語矣。"

12.2　仲弓問仁。子曰："出門如見大賓，使民如承大祭。己所不欲，勿施於人。在邦無怨，在家無怨。"仲弓曰："雍雖不敏，請事斯語矣。"

12.3　司馬牛問仁。子曰："仁者，其言也訒。"曰："其言也訒，斯謂之仁已乎？"子曰："爲之難，言之得無訒乎？"

12.4　司馬牛問君子。子曰："君子不憂不懼。"曰："不憂不懼，斯謂之君子已乎？"子曰："內省不疚，夫何憂何懼？"

12.5　司馬牛憂曰："人皆有兄弟，我獨亡。"子夏曰："商聞之矣：死生有命，富貴在天。君子敬而無失，與人恭而有禮。四海之內，皆兄弟也——君子何患乎無兄弟也？"

12.6　子張問明。子曰："浸潤之譖，膚受之愬，不行焉，可謂明也已矣。浸潤之譖，膚受之愬，不行焉，可謂遠也已矣。"

12.7　子貢問政。子曰："足食，足兵，民信之矣。"子貢曰：

"必不得已而去,於斯三者何先?"曰:"去兵。"子貢曰:"必不得已而去,於斯二者何先?"曰:"去食。自古皆有死,民無信不立。"

12.8 棘子成曰:"君子質而已矣,何以文爲?"子貢曰:"惜乎,夫子之説君子也!駟不及舌。文猶質也,質猶文也。虎豹之鞹猶犬羊之鞹。"

12.9 哀公問於有若曰:"年饑,用不足,如之何?"有若對曰:"盍徹乎?"曰:"二,吾猶不足,如之何其徹也?"對曰:"百姓足,君孰與不足?百姓不足,君孰與足?"

12.10 子張問崇德辨惑。子曰:"主忠信,徙義,崇德也。愛之欲其生,惡之欲其死;既欲其生,又欲其死,是惑也。'誠不以富,亦祇以異。'"

12.11 齊景公問政於孔子。孔子對曰:"君君,臣臣,父父,子子。"公曰:"善哉!信如君不君,臣不臣,父不父,子不子,雖有粟,吾得而食諸?"

12.12 子曰:"片言可以折獄者,其由也與?"子路無宿諾。

12.13 子曰:"聽訟,吾猶人也。必也使無訟乎!"

12.14 子張問政。子曰:"居之無倦,行之以忠。"

12.15 子曰:"博學於文,約之以禮,亦可以弗畔矣夫!"

12.16 子曰:"君子成人之美,不成人之惡。小人反是。"

12.17 季康子問政於孔子。孔子對曰:"政者,正也。子帥以正,孰敢不正?"

12.18 季康子患盗,問於孔子。孔子對曰:"苟子之不欲,雖賞之不竊。"

12.19 季康子問政於孔子曰:"如殺無道,以就有道,何如?"孔子對曰:"子爲政,焉用殺? 子欲善而民善矣。君子之德風,小人之德草。草上之風,必偃。"

12.20 子張問:"士何如斯可謂之達矣?"子曰:"何哉,爾所謂達者?"子張對曰:"在邦必聞,在家必聞。"子曰:"是聞也,非達也。夫達也者,質直而好義,察言而觀色,慮以下人。在邦必達,在家必達。夫聞也者,色取仁而行違,居之不疑。在邦必聞,在家必聞。"

12.21 樊遲從游於舞雩之下,曰:"敢問崇德,修慝,辨惑。"子曰:"善哉問! 先事後得,非崇德與? 攻其惡,無攻人之惡,非修慝與? 一朝之忿,忘其身,以及其親,非惑與?"

12.22 樊遲問仁。子曰:"愛人。"問知。子曰:"知人。"樊遲未達。子曰:"舉直錯諸枉,能使枉者直。"樊遲退,見子夏曰:"鄉也吾見於夫子而問知,子曰'舉直錯諸枉,能使枉者直',何謂也?"子夏曰:"富哉言乎! 舜有天下,選於衆,舉皋陶,不仁者遠矣。湯有天下,選於衆,舉伊尹,不仁者遠矣。"

12.23 子貢問友。子曰:"忠告而善道之,不可則止,毋自辱焉。"

12.24 曾子曰:"君子以文會友,以友輔仁。"

子路篇第十三

13. 1　子路問政。子曰："先之勞之。"請益。曰："無倦。"

13. 2　仲弓爲季氏宰,問政。子曰："先有司,赦小過,舉賢才。"曰："焉知賢才而舉之?"子曰："舉爾所知;爾所不知,人其舍諸?"

13. 3　子路曰："衛君待子爲政,子將奚先?"子曰："必也正名乎!"子路曰："有是哉,子之迂也! 奚其正?"子曰："野哉,由也! 君子於其所不知,蓋闕如也。名不正,則言不順;言不順,則事不成;事不成,則禮樂不興;禮樂不興,則刑罰不中;刑罰不中,則民無所錯手足。故君子名之必可言也,言之必可行也。君子於其言,無所苟而已矣。"

13. 4　樊遲請學稼。子曰："吾不如老農。"請學爲圃。曰："吾不如老圃。"樊遲出。子曰："小人哉,樊須也! 上好禮,則民莫敢不敬;上好義,則民莫敢不服;上好信,則民莫敢不用情。夫如是,則四方之民襁負其子而至矣,焉用稼?"

13. 5　子曰："誦詩三百,授之以政,不達;使於四方,不能專對;雖多,亦奚以爲?"

13. 6　子曰："其身正,不令而行;其身不正,雖令不從。"

13. 7　子曰："魯衛之政,兄弟也。"

13.8　子謂衛公子荊，“善居室。始有，曰：‘苟合矣。’少有，曰：‘苟完矣。’富有，曰：‘苟美矣。’”

13.9　子適衛，冉有僕。子曰：“庶矣哉！”冉有曰：“既庶矣，又何加焉？”曰：“富之。”曰：“既富矣，又何加焉？”曰：“教之。”

13.10　子曰：“苟有用我者，期月而已可也，三年有成。”

13.11　子曰：“‘善人爲邦百年，亦可以勝殘去殺矣。’誠哉是言也！”

13.12　子曰：“如有王者，必世而後仁。”

13.13　子曰：“苟正其身矣，於從政乎何有？不能正其身，如正人何？”

13.14　冉子退朝。子曰：“何晏也？”對曰：“有政。”子曰：“其事也。如有政，雖不吾以，吾其與聞之。”

13.15　定公問：“一言而可以興邦，有諸？”孔子對曰：“言不可以若是其幾也。人之言曰：‘爲君難，爲臣不易。’如知爲君之難也，不幾乎一言而興邦乎？”曰：“一言而喪邦，有諸？”孔子對曰：“言不可以若是其幾也。人之言曰：‘予無樂乎爲君，唯其言而莫予違也。’如其善而莫之違也，不亦善乎？如不善而莫之違也，不幾乎一言而喪邦乎？”

13.16　葉公問政。子曰：“近者説，遠者來。”

13.17　子夏爲莒父宰，問政。子曰：“無欲速，無見小利。欲速，則不達；見小利，則大事不成。”

13.18　葉公語孔子曰："吾黨有直躬者，其父攘羊，而子證之。"孔子曰："吾黨之直者異於是：父爲子隱，子爲父隱。——直在其中矣。"

13.19　樊遲問仁。子曰："居處恭，執事敬，與人忠。雖之夷狄，不可棄也。"

13.20　子貢問曰："何如斯可謂之士矣？"子曰："行己有恥，使於四方，不辱君命，可謂士矣。"曰："敢問其次。"曰："宗族稱孝焉，鄉黨稱弟焉。"曰："敢問其次。"曰："言必信，行必果，硜硜然小人哉！——抑亦可以爲次矣。"曰："今之從政者何如？"子曰："噫！斗筲之人，何足算也？"

13.21　子曰："不得中行而與之，必也狂狷乎！狂者進取，狷者有所不爲也。"

13.22　子曰："南人有言曰：'人而無恆，不可以作巫醫。'善夫！""不恆其德，或承之羞。"子曰："不占而已矣。"

13.23　子曰："君子和而不同，小人同而不和。"

13.24　子貢問曰："鄉人皆好之，何如？"子曰："未可也。""鄉人皆惡之，何如？"子曰："未可也；不如鄉人之善者好之，其不善者惡之。"

13.25　子曰："君子易事而難説也。説之不以道，不説也；及其使人也，器之。小人難事而易説也。説之雖不以道，説也；及其使人也，求備焉。"

13.26　子曰："君子泰而不驕，小人驕而不泰。"

13.27　子曰："剛、毅、木、訥近仁。"

13.28　子路問曰："何如斯可謂之士矣?"子曰："切切偲偲,怡怡如也,可謂士矣。朋友切切偲偲,兄弟怡怡。"

13.29　子曰："善人教民七年,亦可以卽戎矣。"

13.30　子曰："以不教民戰,是謂棄之。"

憲問篇第十四

14.1　憲問恥。子曰："邦有道，穀；邦無道，穀，恥也。""克、伐、怨、欲不行焉，可以爲仁矣？"子曰："可以爲難矣，仁則吾不知也。"

14.2　子曰："士而懷居，不足以爲士矣。"

14.3　子曰："邦有道，危言危行；邦無道，危行言孫。"

14.4　子曰："有德者必有言，有言者不必有德。仁者必有勇，勇者不必有仁。"

14.5　南宮適問於孔子曰："羿善射，奡盪舟，俱不得其死然。禹稷躬稼而有天下。"夫子不答。南宮適出，子曰："君子哉若人！尚德哉若人！"

14.6　子曰："君子而不仁者有矣夫，未有小人而仁者也。"

14.7　子曰："愛之，能勿勞乎？忠焉，能勿誨乎？"

14.8　子曰："爲命，裨諶草創之，世叔討論之，行人子羽修飾之，東里子産潤色之。"

14.9　或問子産。子曰："惠人也。"問子西。曰："彼哉！彼哉！"問管仲。曰："人也。奪伯氏駢邑三百，飯疏食，没齒無怨言。"

14.10　子曰："貧而無怨難，富而無驕易。"

14.11　子曰："孟公綽為趙魏老則優,不可以為滕薛大夫。"

14.12　子路問成人。子曰："若臧武仲之知,公綽之不欲,卞莊子之勇,冉求之藝,文之以禮樂,亦可以為成人矣。"曰："今之成人者何必然?見利思義,見危授命,久要不忘平生之言,亦可以為成人矣。"

14.13　子問公叔文子於公明賈曰："信乎,夫子不言,不笑,不取乎?"公明賈對曰："以告者過也。夫子時然後言,人不厭其言;樂然後笑,人不厭其笑;義然後取,人不厭其取。"子曰："其然,豈其然乎?"

14.14　子曰："臧武仲以防求為後於魯,雖曰不要君,吾不信也。"

14.15　子曰："晋文公譎而不正,齊恒公正而不譎。"

14.16　子路曰："桓公殺公子糾,召忽死之,管仲不死。"曰："未仁乎?"子曰："桓公九合諸侯,不以兵車,管仲之力也。如其仁,如其仁。"

14.17　子貢曰："管仲非仁者與?桓公殺公子糾,不能死,又相之。"子曰："管仲相桓公,霸諸侯,一匡天下,民到於今受其賜。微管仲,吾其被髮左衽矣。豈若匹夫匹婦之為諒也,自經於溝瀆而莫之知也。"

14.18　公叔文子之臣大夫僎與文子同升諸公。子聞之,曰："可以為'文'矣。"

14.19　子言衛靈公之無道也,康子曰："夫如是,奚而不喪?"孔子曰:"仲叔圉治賓客,祝鮀治宗廟,王孫賈治軍旅。夫如是,奚其喪?"

14.20　子曰:"其言之不怍,則爲之也難。"

14.21　陳成子弑簡公。孔子沐浴而朝,告於哀公曰:"陳恆弑其君,請討之。"公曰:"告夫三子!"孔子曰:"以吾從大夫之後,不敢不告也。君曰'告夫三子'者!"之三子告,不可。孔子曰:"以吾從大夫之後,不敢不告也。"

14.22　子路問事君。子曰:"勿欺也,而犯之。"

14.23　子曰:"君子上達,小人下達。"

14.24　子曰:"古之學者爲己,今之學者爲人。"

14.25　蘧伯玉使人於孔子。孔子與之坐而問焉,曰:"夫子何爲?"對曰:"夫子欲寡其過而未能也。"使者出,子曰:"使乎!使乎!"

14.26　子曰:"不在其位,不謀其政。"曾子曰:"君子思不出其位。"

14.27　子曰:"君子恥其言而過其行。"

14.28　子曰:"君子道者三,我無能焉:仁者不憂,知者不惑,勇者不懼。"子貢曰:"夫子自道也。"

14.29　子貢方人。子曰:"賜也賢乎哉?夫我則不暇。"

14.30　子曰:"不患人之不己知,患其不能也。"

14.31　子曰:"不逆詐,不億不信,抑亦先覺者,是賢乎!"

14.32　微生畝謂孔子曰:"丘何爲是栖栖者與?無乃爲佞

乎？"孔子曰："非敢爲佞也，疾固也。"

14.33　子曰："驥不稱其力，稱其德也。"

14.34　或曰："以德報怨，何如？"子曰："何以報德？以直報怨，以德報德。"

14.35　子曰："莫我知也夫！"子貢曰："何爲其莫知子也？"子曰："不怨天，不尤人。下學而上達。知我者其天乎！"

14.36　公伯寮愬子路於季孫。子服景伯以告，曰："夫子固有惑志於公伯寮，吾力猶能肆諸市朝。"子曰："道之將行也與，命也；道之將廢也與，命也。公伯寮其如命何！"

14.37　子曰："賢者辟世，其次辟地，其次辟色，其次辟言。"子曰："作者七人矣。"

14.38　子路宿於石門。晨門曰："奚自？"子路曰："自孔氏。"曰："是知其不可而爲之者與？"

14.39　子擊磬於衛，有荷蕢而過孔氏之門者，曰："有心哉，擊磬乎！"既而曰："鄙哉，硜硜乎！莫己知也，斯己而已矣。深則厲，淺則揭。"子曰："果哉！末之難矣。"

14.40　子張曰："書云：'高宗諒陰，三年不言。'何謂也？"子曰："何必高宗，古之人皆然。君薨，百官總己以聽於冢宰三年。"

14.41　子曰："上好禮，則民易使也。"

14.42　子路問君子。子曰："修己以敬。"曰："如斯而已乎？"曰："修己以安人。"曰："如斯而已乎？"曰："修己以安百姓。修己以安百姓，堯舜其猶病諸？"

14.43　原壤夷俟。子曰："幼而不孫弟，長而無述焉，老而不死，是爲賊。"以杖叩其脛。"

14.44　闕黨童子將命。或問之曰："益者與？"子曰："吾見其居於位也，見其與先生並行也。非求益者也，欲速成者也。"

衛靈公篇第十五

15.1　衛靈公問陳於孔子。孔子對曰："俎豆之事，則嘗聞之矣；軍旅之事，未之學也。"明日遂行。

15.2　在陳絕糧，從者病，莫能興。子路慍見曰："君子亦有窮乎？"子曰："君子固窮，小人窮斯濫矣。"

15.3　子曰："賜也，女以予爲多學而識之者與？"對曰："然，非與？"曰："非也，予一以貫之。"

15.4　子曰："由！知德者鮮矣。"

15.5　子曰："無爲而治者其舜也與？夫何爲哉？恭己正南面而已矣。"

15.6　子張問行。子曰："言忠信，行篤敬，雖蠻貊之邦，行矣。言不忠信，行不篤敬，雖州里，行乎哉？立則見其參於前也，在輿則見其倚於衡也，夫然後行。"子張書諸紳。

15.7　子曰："直哉史魚！邦有道，如矢；邦無道，如矢。君子哉蘧伯玉！邦有道，則仕；邦無道，則可卷而懷之。"

15.8　子曰："可與言而不與之言，失人；不可與言而與言，失言。知者不失人，亦不失言。"

15.9　子曰："志士仁人，無求生以害仁，有殺身以成仁。"

15.10　子貢問爲仁。子曰："工欲善其事，必先利其器。居上邦也，事其大夫之賢者，友其士之仁者。”

15.11　顏淵問爲邦。子曰：“行夏之時，乘殷之輅，服周之冕，樂則韶舞。放鄭聲，遠佞人。鄭聲淫，佞人殆。”

15.12　子曰：“人無遠慮，必有近憂。”

15.13　子曰：“已矣乎！吾未見好德如好色者也。”

15.14　子曰：“臧文仲其竊位者與！知柳下惠之賢而不與立也。”

15.15　子曰：“躬自厚而薄責於人，則遠怨矣。”

15.16　子曰：“不曰‘如之何，如之何’者，吾末如之何也已矣。”

15.17　子曰：“羣居終日，言不及義，好行小慧，難矣哉！”

15.18　子曰：“君子義以爲質，禮以行之，孫以出之，信以成之。君子哉！”

15.19　子曰：“君子病無能焉，不病人之不己知也。”

15.20　子曰：“君子疾没世而名不稱焉。”

15.21　子曰：“君子求諸己，小人求諸人。”

15.22　子曰：“君子矜而不爭，羣而不黨。”

15.23　子曰：“君子不以言舉人，不以人廢言。”

15.24　子貢問曰：“有一言而可以終身行之者乎？”子曰：“其恕乎！己所不欲，勿施於人。”

15.25　子曰：“吾之於人也，誰毀誰譽？如有所譽者，其有所試矣。斯民也，三代之所以直道而行也。”

15.26　子曰："吾猶及史之闕文也,有馬者借人乘之,今亡矣夫!"

15.27　子曰："巧言亂德。小不忍,則亂大謀。"

15.28　子曰："眾惡之,必察焉;眾好之,必察焉。"

15.29　子曰："人能弘道,非道弘人。"

15.30　子曰："過而不改,是謂過矣。"

15.31　子曰："吾嘗終日不食,終夜不寢,以思,無益,不如學也。"

15.32　子曰："君子謀道不謀食。耕也,餒在其中矣;學也,祿在其中矣。君子憂道不憂貧。"

15.33　子曰："知及之,仁不能守之;雖得之,必失之。知及之,仁能守之。不莊以涖之,則民不敬。知及之,仁能守之,莊以涖之,動之不以禮,未善也。"

15.34　子曰："君子不可小知而可大受也,小人不可大受而可小知也。"

15.35　子曰："民之於仁也,甚於水火。水火,吾見蹈而死者矣,未見蹈仁而死者也。"

15.36　子曰："當仁,不讓於師。"

15.37　子曰："君子貞而不諒。"

15.38　子曰："事君,敬其事而後其食。"

15.39　子曰："有教無類。"

15.40　子曰："道不同,不相爲謀。"

15.41　子曰："辭,達而已矣。"

15.42　師冕見,及階,子曰："階也。"及席,子曰："席也。"皆坐,子告之曰："某在斯,某在斯。"師冕出,子張問曰："與師言之道與?"子曰："然;固相師之道也。"

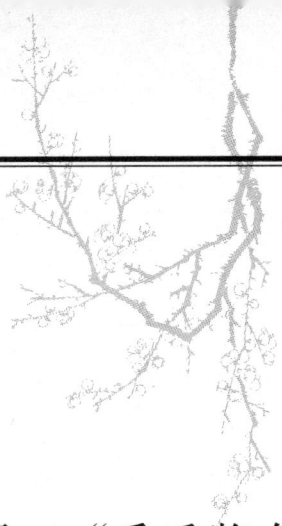

季氏篇第十六

16.1　季氏將伐顓臾。冉有、季路見於孔子曰："季氏將有事於顓臾。"孔子曰："求！無乃爾是過與？夫顓臾，昔者先王以爲東蒙主，且在邦域之中矣，是社稷之臣也。何以伐爲？"冉有曰："夫子欲之，吾二臣者皆不欲也。"孔子曰："求，周任有言曰：'陳力就列，不能者止。'危而不持，顛而不扶，則將焉用彼相矣？且爾言過矣，虎兕出於柙，龜玉毀於櫝中，是誰之過與？"冉有曰："今夫顓臾，固而近於費。今不取，後世必爲子孫憂。"孔子曰："求！君子疾夫舍曰欲之而必爲之辭。丘也聞有國有家者，不患寡而患不均，不患貧而患不安。蓋均無貧，和無寡，安無傾。夫如是，故遠人不服，則修文德以來之。既來之，則安之。今由與求也，相夫子，遠人不服，而不能來也；邦分崩離析，而不能守也；而謀動干戈於邦內。吾恐季孫之憂，不在顓臾，而在蕭牆之內也。"

16.2　孔子曰："天下有道，則禮樂征伐自天子出；天下無道，則禮樂征伐自諸侯出。自諸侯出，蓋十世希不失矣；自大夫出，五世希不失矣；陪臣執國命，三世希不失矣。天下有道，則政不在大夫。天下有道，則庶人不議。"

16.3　孔子曰:"禄之去公室五世矣,政逮於大夫四世矣,故夫三桓之子孫微矣。"

16.4　孔子曰:"益者三友,損者三友。友直,友諒,友多聞,益矣。友便辟,友善柔,友便佞,損矣。"

16.5　孔子曰:"益者三樂,損者三樂。樂節禮樂,樂道人之善,樂多賢友,益矣。樂驕樂,樂佚游,樂晏樂,損矣。"

16.6　孔子曰:"侍於君子有三愆:言未及之而言謂之躁,言及之而不言謂之隱,未見顏色而言謂之瞽。"

16.7　孔子曰:"君子有三戒:少之時,血氣未定,戒之在色;及其壯也,血氣方剛,戒之在鬭;及其老也,血氣既衰,戒之在得。"

16.8　孔子曰:"君子有三畏:畏天命,畏大人,畏聖人之言。小人不知天命而不畏也,狎大人,侮聖人之言。"

16.9　孔子曰:"生而知之者上也,學而知之者次也;困而學之,又其次也;困而不學,民斯爲下矣。"

16.10　孔子曰:"君子有九思:視思明,聽思聰,色思溫,貌思恭,言思忠,事思敬,疑思問,忿思難,見得思義。"

16.11　孔子曰:"見善如不及,見不善如探湯。吾見其人矣,吾聞其語矣。隱居以求其志,行義以達其道。吾聞其語矣,未見其人也。"

16.12　齊景公有馬千駟,死之日,民無德而稱焉。伯夷叔齊餓於首陽之下,民到於今稱之。其斯之謂與?

16.13　陳亢問於伯魚曰：“子亦有异聞乎？”對曰：“未也。嘗獨立，鯉趨而過庭。曰：‘學詩乎？’對曰：‘未也。’‘不學詩，無以言。’鯉退而學詩。他日，又獨立，鯉趨而過庭。曰：‘學禮乎？’對曰：‘未也。’‘不學禮，無以立。’鯉退而學禮。聞斯二者。”陳亢退而喜曰：問一得三。聞詩，聞禮，又聞君子之遠其子也。

16.14　邦君之妻，君稱之曰夫人，夫人自稱曰小童；邦人稱之曰君夫人，稱諸異邦曰寡小君；異邦人稱之亦曰君夫人。

17.1　陽貨欲見孔子,孔子不見,歸孔子豚。孔子時其亡也,而往拜之。遇諸塗。謂孔子曰:"來! 予與爾言。"曰:"懷其寶而迷其邦,可謂仁乎?"曰:"不可。——好從事而亟失時,可謂知乎?"曰:"不可。——日月逝矣,歲不我與。"孔子曰:"諾;吾將仕矣。"

17.2　子曰:"性相近也,習相遠也。"

17.3　子曰:"唯上知與下愚不移。"

17.4　子之武城,聞弦歌之聲。夫子莞爾而笑,曰:"割雞焉用牛刀?"子游對曰:"昔者偃也聞諸夫子曰:'君子學道則愛人,小人學道則易使也。'"子曰:"二三子! 偃之言是也。前言戲之耳。"

17.5　公山弗擾以費畔,召,子欲往。子路不說,曰:"末之也,已,何必公山氏之之也?"子曰:"夫召我者,而豈徒哉? 如有用我者,吾其為東周乎?"

17.6　子張問仁於孔子。孔子曰:"能行五者於天下為仁矣。""請問之。"曰:"恭,寬,信,敏,惠。恭則不侮,寬則得衆,信則人任焉,敏則有功,惠則足以使人。"

17.7　佛肸召,子欲往。子路曰:"昔者由也聞諸夫子曰:

'親於其身爲不善者，君子不入也。'佛肸以中牟畔，子之往也，如之何？"子曰："然，有是言也。不曰堅乎，磨而不磷；不曰白乎，涅而不緇。吾豈匏瓜也哉？焉能繫而不食？"

17.8　子曰："由也，女聞六言六蔽矣乎？"對曰："未也。"
"居！吾語女。好仁不好學，其蔽也愚；好知不好學，其蔽也蕩；好信不好學，其蔽也賊；好直不好學，其蔽也絞；好勇不好學，其蔽也亂；好剛不好學，其蔽也狂。"

17.9　子曰："小子何莫學夫詩？詩，可以興，可以觀，可以羣，可以怨。邇之事父，遠之事君；多識於鳥獸草木之名。"

17.10　子謂伯魚曰："女爲周南、召南矣乎？人而不爲周南、召南，其猶正牆面而立也與？"

17.11　子曰："禮云禮云，玉帛云乎哉？樂云樂云，鐘鼓云乎哉？"

17.12　子曰："色厲而內荏，譬諸小人，其猶穿窬之盜也與？"

17.13　子曰："鄉愿，德之賊也。"

17.14　子曰："道聽而塗說，德之棄也。"

17.15　子曰："鄙夫可與事君也與哉？其未得之也，患得之。既得之，患失之。苟患失之，無所不至矣。"

17.16　子曰："古者民有三疾，今也或是之亡也。古之狂也肆，今之狂也蕩；古之矜也廉，今之矜也忿戾；古之愚也直，今之愚也詐而已矣。"

17.17　子曰："巧言令色，鮮矣仁。"

17.18　子曰："惡紫之奪朱也，惡鄭聲之亂雅樂也，惡利口之覆邦家者。"

17.19　子曰："予欲無言。"子貢曰："子如不言，則小子何述焉？"子曰："天何言哉？四時行焉，百物生焉，天何言哉？"

17.20　孺悲欲見孔子，孔子辭以疾。將命者出戶，取瑟而歌，使之聞之。

17.21　宰我問："三年之喪，期已久矣。君子三年不爲禮，禮必壞；三年不爲樂，樂必崩。舊穀既没，新穀既升，鑽燧改火，期可已矣。"子曰："食夫稻，衣夫錦，於女安乎？"曰："安。""女安，則爲之！夫君子之居喪，食旨不甘，聞樂不樂，居處不安，故不爲也。今女安，則爲之！"宰我出。子曰："予之不仁也！子生三年，然後免於父母之懷。夫三年之喪，天下之通喪也，予也有三年之愛於其父母乎！"

17.22　子曰："飽食終日，無所用心，難矣哉！不有博弈者乎？爲之，猶賢乎已。"

17.23　子路曰："君子尚勇乎？"子曰："君子義以爲上，君子有勇而無義爲亂，小人有勇而無義爲盜。"

17.24　子貢曰："君子亦有惡乎？"子曰："有惡：惡稱人之惡者，惡居下流而訕上者，惡勇而無禮者，惡果敢而窒者。"曰："賜也亦有惡乎？""惡徼以爲知者，惡不孫以爲勇者，惡訐以爲直者。"

17.25　子曰:"唯女子與小人爲難養也,近之則不孫,遠之
則怨。"

17.26　子曰:"年四十而見惡焉,其終也已。"

论 语

阳货篇第十七

微子篇第十八

18.1　微子去之，箕子爲之奴，比干諫而死。孔子曰："殷有三仁焉。"

18.2　柳下惠爲士師，三黜。人曰："子未可以去乎？"曰："直道而事人，焉往而不三黜？枉道而事人，何必去父母之邦？"

18.3　齊景公待孔子曰："若季氏，則吾不能；以季孟之間待之。"曰："吾老矣，不能用也。"孔子行。

18.4　齊人歸女樂，季桓子受之，三日不朝，孔子行。

18.5　楚狂接輿歌而過孔子曰："鳳兮鳳兮！何德之衰？往者不可諫，來者猶可追。已而，已而！今之從政者殆而！"孔子下，欲與之言。趨而辟之，不得與之言。

18.6　長沮、桀溺耦而耕，孔子過之，使子路問津焉。長沮曰："夫執輿者爲誰？"子路曰："爲孔丘。"曰："是魯孔丘與？"曰："是也。"曰："是知津矣。"問於桀溺。桀溺曰："子爲誰？"曰："爲仲由。"曰："是魯孔丘之徒與？"對曰："然。"曰："滔滔者天下皆是也，而誰以易之？且而與其從辟人之士也，豈若從辟世之士哉？"耰而不輟。子路行以告。夫子憮然曰："鳥獸不可與同群，吾非斯人之徒與而誰與？天下有道，丘不與易也。”

18.7　子路從而後，遇丈人，以杖荷蓧。子路問曰：“子見夫子乎？”丈人曰：“四體不勤，五穀不分。孰爲夫子？”植其杖而芸。子路拱而立。止子路宿，殺鷄爲黍而食之，見其二子焉。明日，子路行以告。子曰：“隱者也。”使子路反見之。至，則行矣。子路曰：“不仕無義。長幼之節，不可廢也；君臣之義，如之何其廢之？欲潔其身，而亂大倫。君子之仕也，行其義也。道之不行，已知之矣。”

18.8　逸民：伯夷、叔齊、虞仲、夷逸、朱張、柳下惠、少連。子曰：“不降其志，不辱其身，伯夷、叔齊與！”謂“柳下惠、少連，降志辱身矣，言中倫，行中慮，其斯而已矣。”謂“虞仲、夷逸，隱居放言，身中清，廢中權。我則異於是，無可無不可。”

18.9　大師摯適齊，亞飯干適楚，三飯繚適蔡，四飯缺適秦，鼓方叔入於河，播鼗武入於漢，少師陽、擊磬襄入於海。”

18.10　周公謂魯公曰：“君子不施其親，不使大臣怨乎不以。故舊無大故，則不棄也。無求備於一人！”

18.11　周有八士：伯達、伯適、仲突、仲忽、叔夜、叔夏、季隨、季騧。

子張篇第十九

19.1　子張曰："士見危致命,見得思義,祭思敬,喪思哀,其可已矣。"

19.2　子張曰："執德不弘,信道不篤,焉能爲有？焉能爲亡？"

19.3　子夏之門人問交於子張。子張曰："子夏云何？"對曰："子夏曰:'可者與之,其不可者拒之。'"子張曰："異乎吾所聞:君子尊賢而容衆,喜善而矜不能。我之大賢與,於人何所不容？我之不賢與,人將拒我,如之何其拒人也？"

19.4　子夏曰："雖小道,必有可觀者焉;致遠恐泥,是以君子不爲也。"

19.5　子夏曰："日知其所亡,月無忘其所能。可謂好學也已矣。"

19.6　子夏曰："博學而篤志,切問而近思,仁在其中矣。"

19.7　子夏曰："百工居肆以成其事,君子學以致其道。"

19.8　子夏曰："小人之過也必文。"

19.9　子夏曰："君子有三變:望之儼然,卽之也溫,聽其言也厲。"

19.10　子夏曰："君子信而後勞其民;未信,則以爲厲己也。

信而後諫；未信，則以爲謗己也。”

19.11　子夏曰：“大德不踰閑，小德出入可也。”

19.12　子游曰：“子夏之門人小子，當洒掃應對進退，則可矣，抑末也。本之則無，如之何？”子夏聞之曰：“噫！言游過矣！君子之道，孰先傳焉？孰後倦焉？譬諸草木，區以別矣。君子之道，焉可誣也？有始有卒者，其惟聖人乎！”

19.13　子夏曰：“仕而優則學，學而優則仕。”

19.14　子游曰：“喪致乎哀而止。”

19.15　子游曰：“吾友張也爲難能也，然而未仁。”

19.16　曾子曰：“堂堂乎張也，難與並爲仁矣。”

19.17　曾子曰：“吾聞諸夫子：人未有自致者也，必也親喪乎。”

19.18　曾子曰：“吾聞諸夫子：孟莊子之孝也，其他可能也！其不改父之臣與父之政，是難能也。”

19.19　孟氏使陽膚爲士師，問於曾子。曾子曰：“上失其道，民散久矣。如得其情，則哀矜而勿喜。”

19.20　子貢曰：“紂之不善，不如是之甚也。是以君子惡居下流，天下之惡皆歸焉。”

19.21　子貢曰：“君子之過也，如日月之食焉：過也，人皆見之；更也，人皆仰之。”

19.22　衛公孫朝問於子貢曰：“仲尼焉學？”子貢曰：“文武之道，未墜於地，在人。賢者識其大者，不賢者識其小者。

莫不有文武之道焉。夫子焉不學？而亦何常師之有？”

19.23　叔孫武叔語大夫於朝曰：“子貢賢於仲尼。”子服景伯以告子貢。子貢曰：“譬之宮牆，賜之牆也及肩，窺見室家之好。夫子之牆數仞，不得其門而入，不見宗廟之美，百官之富。得其門者或寡矣。夫子之云，不亦宜乎！”

19.24　叔孫武叔毀仲尼。子貢曰：“無以爲也！仲尼不可毀也。他人之賢者，丘陵也，猶可踰也；仲尼，日月也，無得而踰焉。人雖欲自絕，其何傷於日月乎？多見其不知量也。”

19.25　陳子禽謂子貢曰：“子爲恭也，仲尼豈賢於子乎？”子貢曰：“君子一言以爲知，一言以爲不知，言不可不慎也。夫子之不可及也，猶天之不可階而升也。夫子之得邦家者，所謂立之斯立，道之斯行，綏之斯來，動之斯和。其生也榮，其死也哀，如之何其可及也。”

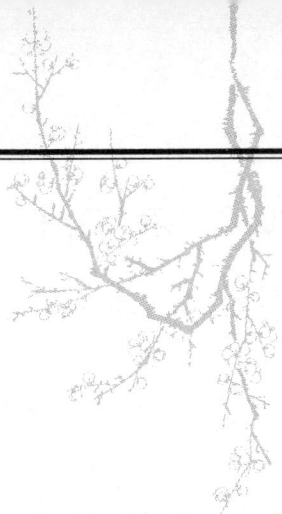

堯曰篇第二十

20.1　堯曰："咨！爾舜！天之曆數在爾躬，允執其中。四海困窮，天祿永終。"舜亦以命禹。曰："予小子履敢用玄牡，敢昭告於皇皇后帝：有罪不敢赦。帝臣不蔽，簡在帝心。朕躬有罪，無以萬方；萬方有罪，罪在朕躬。"周有大賚，善人是富。"雖有周親，不如仁人。百姓有過，在予一人。"謹權量，審法度，修廢官，四方之政行焉。興滅國，繼絕世，舉逸民，天下之民歸心焉。所重：民、食、喪、祭。寬則得眾，信則民任焉，敏則有功，公則說。"

20.2　子張問於孔子曰："何如斯可以從政矣？"子曰："尊五美，屏四惡，斯可以從政矣。"子張曰："何謂五美？"子曰："君子惠而不費，勞而不怨，欲而不貪，泰而不驕，威而不猛。"子張曰："何謂惠而不費？"子曰："因民之所利而利之，斯不亦惠而不費乎？擇可勞而勞之，又誰怨？欲仁而得仁，又焉貪？君子無眾寡，無小大，無敢慢，斯不亦泰而不驕乎？君子正其衣冠，尊其瞻視，儼然人望而畏之，斯不亦威而不猛乎？"子張曰："何謂四惡？"子曰："不教而殺謂之虐；不戒視成謂之暴；慢令致期謂之賊；猶之與人也，出納之吝謂之有司。"

20.3 孔子曰："不知命，無以爲君子也；不知禮，無以立也；不知言，無以知人也。"

尧曰篇第二十

经典诵读测评须知

　　1995 年第八届全国政协会议上，赵朴初、叶至善、冰心、曹愚、启功、张志公、夏衍、陈荒煤、吴冷西九位全国政协委员发出了建立幼年古典学校的紧急呼吁，儿童经典诵读热潮在社会各界力量和许多有识之士的支持推广下蓬勃开展起来，千百万儿童在传统文化经典诵读中深受熏陶和裨益。

　　为了进一步扎实有效地推动儿童经典诵读持久深入下去，中国孔子基金会传统文化教育分会、山东省国立传统文化教育中心常年组织开展对少年儿童传统文化经典诵读指导和经典测评工作。

　　一、经典诵读测评指导对象与原则

　　主要面向参与儿童经典诵读的中、小学生及幼儿进行测评和指导，其次逐步普及到社会各层次人士。中小学校及幼儿园，经典教育推广机构（中心）可集体组织；山东省国立传统文化教育中心为接纳报名、具体测评实施单位。测评原则是重在参与、自愿参加、自选篇目、鼓励引导。

　　二、测评申报及工作安排

　　集体测评：由学校、幼儿园及培训机构统计测评人数，提出申请，约定测评时间和地点，原则上安排在学校假期前后进行，也可在其他适当时间进行。安排地点以便于组织测评为原则。

　　个人测评：首先由个人申请，确定篇目，约定测评时间和地点。外地测评可派出工作人员前往或微信视频测评，另行联系具体确定。

　　三、测评人员组成

　　实施单位选拔测评老师及义务工作者，组成测评、监督、公证三部分人员测评小组。选拔测评人员不受年龄限制，原则是自报参加，义务工作。测评员要具备大学学历，悉知经典篇章，态度耐心细致，身体条件良好，上岗要经学习培训，掌握测评程序方法、经典内容、指导经验等，以保证测评工作质量和效率，按时完成任务。

　　四、测评级别及内容

　　幼儿蒙学篇章共分六级。内容为：1.《三字经》；2.《弟子规》；3.《千字文》；4.《千家诗》；5.《声律启蒙》；6.《增广贤文》。

小学共分十级内容：1.《诗经》：《关雎》《卷耳》《桃夭》《小星》《鹑之奔奔》《相鼠》《河广》《木瓜》《君子于役》《伐檀》《硕鼠》《蟋蟀》；2.《大学》全文；3.《论语》：1—10章、12章、20章；4.《中庸》全文；5.《孟子》：《梁惠王章句上》或《梁惠王章句下》，《公孙丑章句上》或《公孙丑章句下》，《尽心章句上》或《尽心章句下》；6.《道德经》1—31章；7.《庄子》：《逍遥游》《齐物论》《大宗师》；8.《周易》：《乾卦》《坤卦》《坎卦》《离卦》《震卦》《艮卦》《巽卦》《兑卦》；9.《礼记》：《礼运》《学记》《乐记》；10.《楚辞》：《离骚》或《天问》。

五、测评要求及证书颁发

参测者自报测评规定必背篇目后，测评员在每篇中任选不低于3处测评，每处背诵1分钟以上，如做到提示不超过3次，则评定为全篇通过，成绩合格。必读部分适当掌握进行。测评结束后，测评人员需在由中国孔子基金会传统文化教育分会、山东省国立传统文化教育中心核发的《传统文化经典诵读测评证书》上，写明成绩、级别、时间并签名，发给本人。外地证书统一寄发。

六、联络地址及方式

山东省国立传统文化教育中心

联络人：张老师 电话：13505315662 15288871177（微信号）

微信公众号：guolijiaoyu99

邮箱：zwd5662@163.com

网站：www.guolijiaoyu.cn

测评用书购买联系方式：

山东省：张老师 13505315662　15288871177（微信号）

其他省（直辖市、自治区）：罗老师 13810770418，宗老师 18612371592　010—63281792（兼传真），010—63289236

国立传统文化教育公众号